LETTRE

DE M. TRONCHON,

DÉPUTÉ DE L'OISE,

A UN DE SES COMMETTANS.

LETTRE

DE M. TRONCHON,

DÉPUTÉ DE L'OISE,

A UN DE SES COMMETTANS.

Paris, le 20 janvier 1820.

Je ne doute pas, mon ami, que, comme tous
les bons Français, vous ne gémissiez de la dé-
plorable inaction dans laquelle sont laissés les
députés des départemens. C'est pour supporter
plus facilement le poids de ma propre impa-
tience, que je veux m'entretenir quelques heures
avec vous; et, sans autre préambule, j'entre en
matière.

La situation où est placé le gouvernement
français se trouve difficile sous deux rapports.
Le monarque a annoncé qu'il serait proposé des
changemens à la charte, et des changemens à la
loi des élections. Je crois nécessaire de séparer

ces deux objets, parce qu'ils se présentent dif-
féremment.

Des changemens à la charte! que d'objections
accourent en foule. On demande d'abord si
une simple législature, qui n'est qu'un pouvoir
constitué, a le droit de modifier la constitution ;
si ceux que le peuple a nommés ses manda-
taires, à la charge et sous la condition d'être
fidèles à la charte et au roi, sont autorisés à
mutiler et à violer cette charte ; s'il serait possible qu'ils oubliassent ainsi les sermens les plus
solennels.

On ajoute qu'une constitution n'existe plus,
si l'on peut la changer comme une simple loi :
que, dans ce cas, le pouvoir législatif est un pouvoir despotique ; qu'il est sans guide et sans
frein, le trône sans défense, et le peuple sans
appui.

Bref, une majorité de quatre-vingt-dix-neuf
contre un, se prononce dans la nation contre
tout changement à la charte, tel qu'il soit ; et
le ministère s'abuse sur les dispositions de la
chambre à cet égard, s'il ne sait pas que, lorsqu'il s'agira de toucher à cette charte, il restera
dans une honteuse minorité.

Cependant, pour sortir d'embarras sous ce
rapport, il paraît s'offrir un moyen : c'est de
proposer une loi qui eût pu être une dispo-

sition constitutionnelle, mais qui, ne se trouvant pas dans la constitution, serait accueillie comme une loi salutaire, dans le moment où nous sommes ; elle consisterait à dire, qu'il ne pourra être rien ajouté, retranché, ni modifié dans la charte, que de la manière suivante : il faudrait que cinq législatures successives eussent reconnu que telle addition, tel retranchement, telle modification peuvent être utiles, pour qu'une sixième législature puisse prononcer un changement quelconque, dont la proposition devrait toujours émaner du roi.

Il n'est pas difficile de motiver une telle loi ; car, d'un côté, quelque désir que l'on ait de rester comme on est, il y aurait absurdité à soutenir que l'on doit opposer une barrière insurmontable à toute amélioration ; et, d'un autre côté, en prescrivant à l'avance le moyen d'améliorer avec une sage lenteur, on prévient ces propositions soudaines qui peuvent être bien dangereuses, et qui, peut-être même, dans les cas où il faudrait les admettre, seraient repoussées précisément parce qu'elles n'auraient pas été mûries. J'ai la confiance que, dans la conjoncture où nous nous trouvons, une pareille proposition rattacherait, plus fortement que jamais, tous les Français à l'auteur de cette charte, pour laquelle ils se prononcent d'une manière si vive et avec une si respectable unanimité. Et c'est ainsi que, pour ce premier objet, il peut, du mal actuel, sortir un bien pour l'avenir et même un très-grand bien; car rien n'augmente le plaisir de jouir, comme la pleine confiance et une sécurité fondée pour l'avenir.

Je passe au second objet.

La loi des élections, quelque importante qu'elle soit, fait partie du domaine de la législation. Une législature l'a faite suivant les formes simplement législatives; une législature peut la changer, la modifier; nul doute sur le droit : mais, quant à l'opportunité ou la non opportunité du changement, examinons.

Il faut d'abord reconnaître ce que le gouvernement paraît craindre, ce que le gouvernement veut attaquer.

Le parti libéral devenu fort dans la chambre élective, c'est l'objet de la crainte, c'est là le point de mire. Le ministère ne le dissimule pas, et il s'avance contre lui en rassemblant toutes les forces qu'il peut réunir; alors se trouvent dans la chambre des députés trois opinions caractérisées, marchant chacune sous leur bannière, voulant toutes aller au bien, mais par des voies très-différentes.

Le public désigne les uns sous le nom d'ultras , les autres sous celui de ministériels, et les derniers sous le nom de libéraux ; moi , je déclare que , dans tous , je reconnais de louables intentions et des qualités dignes d'une estime générale : ce sera pour être plus clair , que je me servirai des noms sous lesquels chaque parti est connu.

Le ministère a son camp derrière lui au centre de la chambre ; il est moins fort que la gauche où se place le parti libéral ; mais il est plus fort que la droite où se trouve le parti ultra.

Il est clair que , si le ministère s'était appuyé sur la gauche , il était , avec lui , maître du terrain. Mais comme c'était précisément cette gauche qu'il se proposait d'attaquer , il a fallu , bon gré mal gré , chercher à s'unir à la droite. Là, on devait répondre à son appel , puisqu'en déclarant la guerre à la loi des élections , le ministère attaquait l'ennemi juré , le plus grand ennemi des ultra-monarchiques. D'ailleurs, les dispositions du côté droit n'étaient point ignorées : depuis long-temps il s'écrie que tout est perdu , si l'on ne se hâte de changer la loi des élections. Et, il faut en convenir, pour lui ce n'est pas une vaine terreur. Il voit chaque année cette redoutable loi abattre , sans presque aucun ménagement , ceux des siens qui se trouvent exposés à ses atteintes. Aussi l'orateur éloquent, le principal organe de ce parti déjà si réduit en nombre, n'a-t-il pu monter à la tribune, lors de la discussion sur les pétitions, sans faire entendre le cri de la détresse, en y ajoutant des menaces, ces dernières armes du désespoir, lorsqu'il voit s'avancer l'époque où ses efforts seront impuissans.

Le ministère, en se portant de ce côté avec toutes ses forces, en a-t-il fait assez pour raviver ce parti aux abois? je ne le pense pas, et je ne pense pas non plus qu'il le voulût. A-t-il trouvé pour lui-même un renfort suffisant? je ne le crois pas davantage. Ces deux partis, quand bien même ils resteraient unis, ne seraient pas encore assez forts. La chose est évidente pour tout homme qui ne veut pas s'aveugler. Et, en effet, dans la chambre, le parti opposé, c'est-à-dire, le parti libéral, est dans ce moment au moins égal aux deux autres unis ensemble. Mais ensuite, regardons plus loin; ce parti libéral a pour lui dans la nation les dix-neuf vingtièmes, pour ne pas dire davantage.

D'ailleurs on ne peut pas supposer que ces deux partis, unis contre le troisième, restent long-temps unis entre eux. Le parti ultra voudra ce qui lui est nécessaire pour exister; et c'est ce qu'il sera impossible de lui donner. Il voudra une loi d'élections, telle qu'elle puisse le ressusciter et lui rendre la force et la vigueur de 1816. Le ressusciter! grand Dieu! Heureusement on ne le peut pas. Mais ce que l'on peut aujourd'hui, ou plutôt ce que l'on a à craindre en s'unissant à lui, c'est de perdre la liberté, de perdre la famille royale, de perdre la France entière. Oui, je le dirai avec la plus douloureuse conviction; si la fusion des ultras dans notre corps social, si leur amalgame avec la nation, telle que la charte l'a organisée, leur répugnent au point que ce soit la chose impossible, et si néanmoins le gouvernement persiste à vouloir les soutenir et entretenir leurs espérances, les maux de la France sont loin d'être à leur terme.

Le système de bascule (que je ne juge pas) a pu être employé avec un succès au moins apparent; mais il ne peut plus se soutenir. Il a toujours eu le grave inconvénient que le ministère, toutes les fois qu'il appuyait fortement d'un côté, irritait vivement le côté opposé. Aujourd'hui le parti du ministère pèse trop peu dans la balance pour qu'il puisse se rendre maître du mouvement de pondération; et les choses en sont venues au point que toutes les ressources que ce système pourrait fournir au génie le plus exercé, ne sauraient être d'aucun secours.

Cependant le ministère ne pouvant accorder au côté droit ce qu'il veut avoir, ne pouvant d'ailleurs être sûr du succès, même avec ces forces auxiliaires qu'il lui faudrait si chèrement acheter, abandonnera-t-il son attaque? ou la poursuivra-t-il avec *des moyens extrêmes*, comme l'indique l'orateur, organe du côté droit? La chose mérite grandement d'être examinée, et on ne doit pas être surpris que l'on y soit embarrassé.

Le premier parti, savoir, de livrer à l'oubli les projets annoncés, n'offre pas en lui-même de difficultés. Mais on peut y répugner. Il est possible que l'on craigne d'affaiblir l'autorité ou de blesser la dignité du prince en s'arrêtant dans la route qui a été indiquée. L'autorité, disent les partisans de ce système, ne doit jamais reculer.

Il faut avouer que, n'ayant pas encore acquis en France une longue expérience du gouvernement constitutionnel, nous faisons souvent des applications bien fausses. Un gouvernement despotique, toutes les fois qu'il émet une volonté, doit agir; pourquoi? parce que sa volonté étant la loi de l'état, si sa volonté manifestée n'était point exécutée, la loi de l'état

serait violée. Dans un gouvernement constitutionnel, il en est autrement; une volonté
du chef du gouvernement, s'exprimant comme
un des pouvoirs législatifs, ne devient loi qu'a-
près l'observation des formes requises pour la
confection d'une loi. Jusque-là c'est un vœu,
bien respectable sans doute, mais qui n'oblige
personne, et que le monarque lui-même est
libre et toujours libre d'abandonner ou de conserver, selon qu'il lui plaît. S'il renonce à un
désir manifesté, il n'y a pas là une autorité
faisant un pas rétrograde; car il n'y a pas eu
acte d'autorité : l'annonce d'un projet pour le
livrer à la discussion et à l'acceptation d'autres
pouvoirs constitués, n'est autre chose que la
manifestation du désir actuel d'exercer sur une
matière quelconque le droit de faire une proposition.

Je vais, par une citation, faire sentir la dif-
férence immense entre un pareil acte, et ceux
qui doivent nécessairement avoir leur suite et
leur exécution.

Le gouvernement ordonnerait à un colonel
qui a son régiment à Perpignan, de le con-
duire à Lille. Si le colonel avec son régiment
reste à Perpignan, et *s'il y reste impunément*,
l'autorité a reculé, l'autorité est perdue.

Mais où est la parité avec la simple émission

d'un vœu que celui même qui le manifeste aujourd'hui, peut ne pas conserver demain sans qu'il ait aucune raison à faire connaître ; non, dans une telle circonstance, l'autorité n'est point affaiblie, la dignité n'en souffre pas. Il serait malheureux pour l'humanité qu'une futile crainte, un préjugé sans fondement, pût écarter les conseils de la prudence, précisément dans les circonstances où les plus grands intérêts peuvent être gravement compromis.

On a parlé de l'emploi des mesures extrêmes. Ici j'avoue que je me sens effrayé, autant au moins pour ceux auxquels on veut persuader d'y recourir, que pour ceux contre lesquels on les conseille.

A-t-on réfléchi que des *moyens extrêmes* appellent contre eux des moyens semblables ? A-t-on envisagé quelles peuvent en être les suites ? A-t-on calculé toutes les chances à courir ? Et quelles terribles chances ! Tout à perdre, et rien, absolument rien à gagner ! L'abîme que l'on parlait de fermer, et qui l'était déjà, l'affreux abîme de la révolution, rouvert pour engloutir des générations nouvelles, et peut-être de nouvelles nations !!! J'arrête ma plume, je détourne mon imagination.

Je ne veux plus que porter votre attention sur un phénomène politique qui, depuis deux mois qu'il m'a frappé, m'occupe toujours, sans que mon étonnement cesse.

Des changemens à la loi des élections sont réclamés par le gouvernement : ils sont jugés nécessaires à raison principalement des produits que cette loi a donnés. C'est là ce qu'ont annoncé (et même avec une crudité à laquelle il serait difficile de s'accoutumer) les organes ministériels. D'après cela, voici comme la chose se présente.

La loi des élections va être traduite en jugement ! Par qui ?

Par les hommes qui en sont en partie les auteurs.

La loi des élections va être accusée, pour son procès lui être fait dans la session de 1820 ! Par qui ?

Par les hommes qui, non-seulement se glorifiaient d'avoir, comme je viens de le dire, travaillé à la créér en 1817; mais qui encore, en 1819, ont remué toute la France pour la défendre et la maintenir.

La loi des élections va être accusée ! Devant qui ?

Devant une chambre, composée pour les trois cinquièmes, par les députés qui ont été élus dans les départemens en vertu de cette loi et d'après le mode qu'elle a établi.

C'est à ces juges que les ministres viendront dire : « Les théories auxquelles nous nous étions livrés pour établir d'abord et pour maintenir ensuite cette loi des élections, ces théories étaient fausses; l'expérience l'a prouvé; voyez tout le danger d'une telle loi! De quels hommes elle peuple la chambre! Joignez-vous à nous pour arrêter cette funeste invasion : dites avec nous, que ces cent mille Français payant trois cents francs, que nous avons eu le malheur d'appeler, parce qu'ils nous semblaient une partie de la nation éminemment intéressée au maintien de l'ordre et de la tranquillité; dites avec nous, que ce sont au contraire des hommes qui sont aveuglés par l'ignorance et par les passions, et qui nous conduisent au bouleversement et à l'anarchie : dites avec nous que ces colléges électoraux, au lieu de faire des choix, comme on paraissait devoir les attendre, ont trompé les espérances de ceux qui les ont créés; votez avec nous pour qu'ils cessent d'exister : enfin, votez avec nous pour qu'elle soit rayée du catalogue des lois vivantes, celle qui a pu porter les fruits que nous voyons. »

Si ce discours n'est pas tenu tel que je l'exprime, il n'en est pas moins réel que c'est le vrai sens de ce qui pourra être dit contre la loi des élections, devant une assemblée dont les trois cinquièmes sont le produit de cette loi. Les tournures oratoires changeront peu le fond des choses : quelque soin que l'on prenne de dire à tous les députés nouveaux que ce n'est pas du tout pour eux que l'on entend parler, ils ne pourront pas se dissimuler que c'est au contraire leur nomination qui a provoqué le renversement du système électoral actuel ; et s'il s'en trouve quelques-uns qui pour eux-mêmes ne croient pas avoir à s'offenser de ce qui a été déjà dit et de ce qui pourra l'être à ce sujet, il me paraît difficile que ceux-là mêmes oublient que les électeurs qui les ont nommés sont aussi de ces hommes à cent écus, qui doivent prendre leur part dans les complimens faits à tous les électeurs de la France.

Je ne me propose pas d'entrer ici dans aucune discussion sur ce que je peux avoir appris touchant les systèmes d'élections qui doivent remplacer celui que l'on veut détruire. Il sera temps de les examiner, s'ils viennent à être présentés, et je le ferai avec toute l'attention que l'objet réclame.

Il me reste toujours un grand espoir ; il repose sur cette profonde sagesse du monarque, qui, à travers les embarras et les contrariétés que son ministère éprouve en ce moment, ne manquera pas de reconnaître que cette alarme universelle occasionée par le bruit d'un changement dans la charte, ce concert des Français pour en demander le maintien intégral, sont la preuve la plus incontestable de l'attachement du peuple français pour cette charte, et le gage assuré de la reconnaissance nationale pour son immortel auteur.

Adieu, mon ami, je vous donne mes réflexions ; j'attends en retour la communication de celles que vous faites dans l'éloignement du théâtre politique.

IMPRIMERIE DE FAIN, PLACE DE L'ODÉON.

www.ingramcontent.com/pod-product-compliance
Lightning Source LLC
Chambersburg PA
CBHW060712280326
41933CB00012B/2404